PROLOGO

Il fattore umano, da sempre protagonista indiscusso nell'aviazione, ha trovato in questo volume un'analisi approfondita e rigorosa. L'autore, forte di una pluriennale esperienza nel campo della formazione e delle indagini aeronautiche, ci guida attraverso un percorso esplorativo che pone al centro il Crew Resource Management (CRM) come pilastro fondamentale per la sicurezza del volo.

Con una prosa chiara e concisa, l'autore ci svela i meccanismi psicologici e sociali che influenzano il comportamento degli equipaggi, offrendoci strumenti e conoscenze indispensabili per comprendere e prevenire gli errori umani. Questo saggio si rivolge a tutti coloro che operano nel settore aeronautico, offrendo un contributo prezioso alla cultura della sicurezza e alla continua ricerca dell'eccellenza.

INDICE

1. Introduzione
    1. Definizione di sicurezza
2. Safety
3. Security
4. Legislatore
5. Minimi
6. CRM
7. Conclusione

1. INTRODUZIONE

L'obiettivo di questo elaborato è di descrivere la sicurezza dei passeggeri nell'ambito del trasporto aereo ma sotto un punto di vista insolito. Infatti l'elaborato andrà a descrivere quali sono i requisiti a livello di preparazione per il personale di cabina ed andremo a vedere tutti i passaggi che un assistente di volo deve affrontare per essere in grado di poter mettere in atto le procedure al fine di mantenere una sicurezza adeguata per i passeggeri. Lo sviluppo della seguente tesina verrà analizzato da un punto di vista di regolamenti europei. Queste direttive per la sicurezza nei vettori aerei sono dettati da organizzazioni internazionali, in fattispecie, l'ICAO *(International Civil Aviation Organization)*, conosciuta in Italia come l'OACI (Organizzazione dell'Aeronautica Civile Internazionale), che redige i SARPs *(Standards and Recommended Practices)*. Gli standard creati dall'organizzazione vengono a loro volta trasformati dagli stati aderenti in leggi per le compagnie aeree e gli aeroporti che operano nelle corrispettive nazioni. Le nazioni, le compagnie aeree e gli aeroporti, devono accettare questi standard senza avere la possibilità di ignorarli, potendoli però modificare solo rendendoli più stringenti, se una indagine del rischio dovesse ritenerlo necessario. In questo elaborato verrà prima di tutto data la definizione di sicurezza, tenendo conto che quando si parla di sicurezza bisogna fare la distinzione in due grandi rami. Per ognuna delle due strade che verranno intraprese si effettuerà un'analisi che riguarda le regole imposte dal legislatore con i minimi per l'insegnamento, il controllo della qualità e analizzando infine il CRM *(Crew Resource Management)*.

1. *Definizione di sicurezza*

Quando si parla di sicurezza bisogna sempre fare la distinzione tra due concetti ben diversi. Quella che noi chiamiamo "sicurezza", viene infatti descritto dagli anglosassoni con due termini dal significato completamente distinto, *"safety"* e *"security"*. Per *safety* si intende la sicurezza dell'aeromobile e dei suoi occupanti, mantenuta da procedure messe in atto per limitare la possibilità di errori e incidenti dovuti ad eventi casuali o malfunzionamenti degli apparati dell'aeromobile stesso. La *security* invece riguarda le procedure di sicurezza messe in atto per prevenire atti contro la legge, come gli attacchi terroristici. Andremo ad affrontare questo elaborato descrivendo le procedure per entrambe le branche della sicurezza. Entrambe le visioni di sicurezza nel mondo dell'aviazione hanno un'importanza fondamentale e di massimo risalto nell'industria in generale. Nel mondo dell'aviazione civile ogni tipo di incidente si andrà a riflettere su tutta l'industria, con dei carissimi danni a livello economico.

Analizzando la *"Security"* si può prendere ad esempio l'attacco terroristico dell'11 settembre 2001. Secondo un documento pubblicato dall'IATA, a conseguenza dell'attacco al WTC a New York e al Pentagono di Washington, si è tornati al livello abituale di prenotazioni solo un anno e mezzo dopo, cioè nel marzo 2002, rallentando così la crescita di tutta l'industria dell'aviazione civile. Allo stesso modo le industrie costruttrici, come la Boeing, hanno aperto in borsa il giorno seguente con un eclatante -6% e una ancora più importante perdita di fiducia da parte dei passeggeri.

Per quello che riguarda invece la *"Safety"*, possiamo prendere ad esempio la crisi dovuta ai due incidenti sui Boeing 737-MAX che per causa di problemi tecnici, hanno portato allo schianto degli aeromobili con la conseguente morte di 346 persone, una perdita in borsa del 12.8% e una grande sfiducia creata dalla paura che gli aeromobili prodotti dalla casa costruttrice non fossero sicuri. Il radicato timore dei passeggeri verso quanto successo, ha spinto le compagnie aeree a dare la possibilità al passeggero che si trova a volare su questo tipo di aeromobile di potersi rifiutare di volare e venire completamente rimborsato.

Nei prossimi capitoli verranno analizzati nel dettaglio questi due aspetti, cercando di evidenziare l'importanza per le compagnie aeree di avere procedure che riducano la possibilità di ulteriori incidenti e permettano ai dipendenti di essere pronti ad ogni evenienza.

2. SAFETY

Per dare una definizione corretta a quello che riguarda la sicurezza quando si parla in particolare di *"safety"* bisogna dire che è intesa come insieme coerente di attività ed azioni tese allo sviluppo della sicurezza del volo, in termini di tutela dell'incolumità delle persone e dei beni coinvolti nelle operazioni aeronautiche in senso lato, costituisce una delle connotazioni essenziali dell'attività di governo del sistema nazionale di aviazione civile, che deve seguire le direttive continentali, nel nostro caso europee, che a loro volta deve dare conto alla comunità internazionale che nel caso dell'aviazione civile è diretta dall'ICAO tramite gli *"Standards and Reccomended Practices"*.
Con il termine *"Flight Safety"* si indica la condizione in cui la possibilità di nuocere a persone e cose è ridotta, e mantenuta sotto un livello ritenuto accettabile, attraverso un processo continuo di identificazione dei pericoli e di gestione del rischio (*Safety Risk Management*). Per avere una migliore gestione del rischio bisogna anche menzionare il cosiddetto SMS (*Safety Managment System*) che verrà analizzato nel capitolo che riguarda il CRM.
L'eliminazione degli incidenti aeronautici e degli inconvenienti gravi resta lo scopo ultimo, ma ovviamente il sistema aviazione non potrà mai essere totalmente privo di pericoli e di rischi associati. Motivo per cui la *"safety"* è una caratteristica dinamica del sistema aviazione, in cui i rischi legati alla *"flight safety"* devono continuamente essere mitigati. I vettori aerei e le organizzazioni sono coscienti dell'impossibilità di eliminare totalmente la possibilità di errore, per questo un modo per mitigare e risolvere questi errori le compagnie aeree istruiscono il personale di bordo su un tipo di approccio detto ARR *(Anticipate Recognise Recover)* che verrà

anche esso discusso nel CRM.

La ricerca di *"safety"* si basa su metodi di gestione proattivi e comporta l'individuazione, tramite l'analisi di informazioni provenienti dal sistema aviazione *(safety analysis)*, di potenziali criticità *(unsafe condition)* prima che esse possano concretizzarsi in eventi disastrosi.

Tale approccio, che integra e completa la tradizionale attività di sorveglianza, si concretizza attraverso lo sviluppo di appositi programmi a livello mondiale, europeo e nazionale e utilizza specifiche metodologie, quali il *"Safety Risk Management"*, la *"Safety Analysis"* e i *"Safety Performance Indicators"*.

La cultura del reporting è la chiave del sistema per la gestione della *"safety"*, basato su tre principali componenti culturali: organizzativa, professionale, nazionale. L'interazione tra queste componenti può influenzare notevolmente *"l'Occurrence Reporting"*, *"l'analisi della Root-Cause"* e la mitigazione del rischio.

Pertanto il miglioramento continuo delle *"safety performance"* è possibile quando la *"safety"* diventa un valore all'interno dell'Organizzazione, nonché una priorità a livello nazionale o professionale.

L`obiettivo delle compagnie aeree e delle organizzazioni che gestiscono l`aviazione civile è proprio quello di avere una sana *"safety culture"* che si basa su un elevato grado di fiducia e di rispetto tra il personale e il management e deve pertanto essere istituita e supportata a livello di *"senior management"*. Il sistema di reporting mira a raccogliere informazioni esclusivamente per il miglioramento della sicurezza del volo e la protezione di tali informazioni è essenziale al fine di garantirne la continua disponibilità. I vantaggi sono due: spesso il personale è quello più esposto ai pericoli, in questo modo il sistema di reporting consente loro di identificare attivamente tali pericoli. Allo stesso tempo, il management è in grado di raccogliere informazioni sui *"safety hazard"* e anche costruire un rapporto di fiducia col proprio personale. Questo deve motivare tutto il personale a poter riportare avvenimenti che sono ritenuti anormali senza la paura di possibili ripercussioni, questa pratica è dette "Just Culture", il cui obiettivo principale è proprio quello di protegge l`impiegato che riporta una situazione senza la possibilità di ripercussioni da parte del management con unico obiettivo avere operazioni più sicure possibili.

3. SECURITY

Per security, nel mondo della aviazione, gli anglosassoni intendono tutte quelle procedure e regole in atto per prevenire i cosiddetti *"acts of unlawfull interfirence"*, cioè tutti quegli atti che organizzazioni o singoli vanno a compiere contro la legge per creare danno a una struttura o a persone. Questi atti possono essere compiuti sia da organizzazioni terroristiche, come l`ISIS (Islamic state of Iraq and al-Sham) o anche da un individuo che per motivi personale vuole creare danno nei confronti di una compagnia aerea.

Nel 2007 un dipendente, dopo essere stato licenziato da una compagnia aerea americana, per punire chi aveva preso questa decisione, il giorno dopo usando dei documenti del quale era ancora in possesso avendone riconsegnate solo parte al datore di lavoro, è riuscito ad accedere nell`area dei parcheggi degli aeromobili rubare un aereo, decollare e schiantarsi poco dopo per commettere un suicidio.

Per evitare che atti del genere possono accadere dobbiamo mettere in atto delle procedure che ci aiutano a proteggerci da questi *"act of unlawfull interfirence"*. La maggioranza di queste procedure sono considera *"restriced"*, cioè segrete, e accessibili solo al personale autorizzato per minimizzare la possibilità che organizzazioni e/o individui trovino modi per aggirarli.

Il messaggio principale però è sempre lo stesso, cioè che la sicurezza aeroportuale è un dovere di tutti, perché in caso di un attacco terroristico, tutti noi ne andremo a pagare le conseguenze, esempio lampante degli avvenimenti dell'11 settembre 2001.

Nel capitolo successivo andremo a vedere quali sono esattamente gli enti che si occupano all`emanazione di queste regole e quali sono esattamente queste regole senza poter entrare nel dettaglio a causa della riservatezza e la sensibilità delle informazioni.

4. LEGISLATORE

Come già è stato anticipato, il maggiore legislatore per quello che riguarda la *"Safety"* a livello internazionale è l'ICAO *(Internatinoal Civil Aviation Organization)*, che pubblica i cosiddetti *"Standards and Reccomended Practises."* Per quanto riguarda l'Europa invece abbiamo la commissione europea e l'EASA *(European Aviation Safety Agency)* che prendono le pubblicazioni dell'ICAO e le trasformano in pratiche e raccomandazioni per il continente, queste pratiche devono essere uguali a quelle dettate dall'ICAO o più restrittive ma non possono essere meno stringenti. Ogni ente nazionale deve poi trasformare queste raccomandazioni e pratiche in regole per le compagnie che operano sul territorio nazionale, le quali a loro volta devono adattare le loro operazioni rispettando queste pratiche e raccomandazioni.

Per quello che riguarda la "security" abbiamo la stessa procedura da livello internazionale con l'ICAO fino a livello locale. Il documento che detta queste regole è "l'Annex 17" pubblicato dall'ICAO, che si trasforma livello a europeo con il "DOC 30" pubblicato dall'ECAC *(European Civil Aviation Conference)* che prende atto a livello legislativo attraverso le leggi europee EC 300/2008, EU 2015/1998 e C 2015/8005. Ogni nazione può poi rendere queste regole più stringenti per diminuire la possibilità di un attacco terroristico, come in Belgio dopo l'attacco terroristico nell'aeroporto di Bruxelles Zaventem, il dipartimento di sicurezza nazionale ha deciso di imporre un controllo x-ray per i bagagli e metal detector per i passeggeri ancora prima di entrare nelle zone cosiddette di *"landside"* dove in precedenza si poteva entrare normalmente, senza dover essere controllati.

Adesso invece andremo ad analizzare quali sono i minimi

standard che un assistente di volo deve avere e mantenere per poter operare in quel ruolo.

5. MINIMI

Andremo ora ad analizzare quali sono questi minimi che le compagnie aeree devono avere per formare il personale, in particolare andremo ad analizzare quello riguarda il personale di cabina.

Prima di tutto ci sono degli standard fisici ed estetici che un assistente di volo deve avere per passare le selezioni, questi limiti non sono solo in apparenza ma sono anche per garantire un certo livello di *"safety"* a bordo, per esempio:

- Una altezza minima per poter chiudere le cappelliere senza problemi.
- Inoltre tutti i candidati dovranno passare una visita medica che andrà ripetuta ogni 5 anni, per garantire lo stato di salute adeguato per poter performare questo tipo di lavoro al massimo livello.
- Inoltre il personale, sia di cabina che i piloti, ricevono un corso annuale dove vengono ricordati quali sono le abitudini alimentari e di vita in generale che dovrebbero mantenere per ridurre al minimo possibile il rischio di "fatigue", come per esempio ridurre l`assunzione di alcol al minimo possibile e completamente vietarlo entro le 8 ore dall`inizio del turno lavorativo.

Un'altra caratteristica molto importante per tutte le compagnie europee, che un candidato per questo lavoro deve avere è un alto livello di comprensione e comunicazione nella lingua inglese.

Una volta in possesso di questi requisiti il candidato potrà accedere a un corso intensivo ed estenuante di 6 settimane diviso in vari step:

- *Initial course* : corso generico che vale per tutto il personale di cabina che andrà ad operare per vettori aerei registrati in Europa.

- *Conversion course*: corso specializzato nell`aeromobile o aeromobili che il vettore aereo utilizza per le operazioni.
- *Security initial*: corso generale che riguarda la sicurezza che è valido per tutti i dipendenti dell`aeroporto in ogni ruolo, che permette di poter possedere il tesserino aeroportuale
- *Security conversion*: corso specifico per il vettore aereo, nel quale si andrà ad operare, che riguarda la sicurezza con le specifiche sulle procedure in caso di un atto contro la legge

Andiamo adesso ad analizzare nel dettaglio ogni corso.
Initial course: questo corso si può effettuare direttamente con la compagnia per la quale si andrà a lavorare o anche in maniera private presso scuole certificate che insegnano proprio questo corse generico. Il corso è composto in 10 giorni così suddivisi:

1. CRM: introduzione al *"crew resource management"* dove vengono spiegate le skills che riguardano il CRM
2. *General aviation knowledge and regulation*: spiegazione della terminologia tecnica per il mondo dell'aviazione e delle sue regole.
3. *Passenger handling*: I primi e fondamentali step da affrontare con il passeggero per avere un volo sicuro
4. *Aero-medical aspect and general first aid*: tutte le possibili conseguenze che il volo ha sugli occupanti a livello medico e le tecniche generali per affrontare emergenze mediche attraverso basi del primo soccorso
5. *Inflight medical emergency:* corso di primo soccorso specifico per una selezione di problematiche che statisticamente possono accadere durante un volo
6. *First aid practical*: giornata nella quale si mette in pratica quello che si è insegnato nel corso di primo soccorso
7. *Dangerous good*: corso su come trasportare in modo sicuro materiali pericolosi per via aere e le tecniche di risposta in caso di incidente dovuto a questi materiali

pericolosi

8. *Theory of fire and smoke*: corso generale sul pericolo di un fuoco a bordo e i danni che il fumo potrebbe causare

9. *Survival*: le tecniche di sopravvivenza in ambienti non abituali in caso di un atterraggio forzato, ambienti come il deserto, giungla, mare aperto e ambienti polari.

10. *Ditching survival practical*: addestramento in piscina simulando un atterraggio forzato in mare aperto.

Lo scopo di questo corso è di poter preparare il personale di cabina ad un ambiente dove emergenze di diverso tipo possono accadere. Ogni giorno del corso è obbligatorio e alla fine di ogni giornata si effettua un esame intermedio che deve essere passato per poter accedere al giorno successivo. Alla fine del corso si effettuerà un esame su tutto il programma trattato con due possibili tentativi che sono necessari per poter accedere alla seconda parte del corso. Una volta passata questa parte lo studente affronterà una giornata molto intensa con argomento *"initial security training"* con conseguente esame il giorno successivo. In questa giornata si affronteranno tutti gli argomenti che riguardano la security aeroportuale in modo generale senza entrare nelle procedure precise che la compagnia seguirà in caso di emergenza. Gli argomenti trattati in questa giornata sono di dominio pubblico e chiunque vi può accedere anche cercando semplicemente on-line. Alcuni degli argomenti trattati in questa giornata sono:

- Legislatori che emanano le regole
- Suddivisione in zone dell'aeroporto
- Il motivo per il quale è essenziale la security nel mondo dell'aviazione
- Una infarinatura generale sugli atti terroristici che hanno segnato il mondo dell'aviazione

E molto altro, anche in questo caso si avranno due tentativi per passare l'esame finale con la conseguente eliminazione dal corso in caso di doppio fallimento.

Conversion course: questo corso invece può essere solo effettuato dalla compagnia per la quale si andrà a lavorare poiché è un corso specifico in base alla tipologia di aeromobile che la compagnia dispone e in base alle procedure specifiche che la compagnia adotta. Questo corso varia in numero di giorni da compagnia a compagnia in base alla quantità di tipologie di aeromobili ma con un minimo di nove giorni e aggiungendo un giorno per ogni tipo diverso di aeromobile che il vettore aereo dispone. I giorni sono suddivisi nel seguente ordine:

1. *Fire smoke and doors and exits*: in questa giornata è divisa in due parti, una prima parte dove si completa il percorso per quello che riguarda il fuoco, con le procedure specifiche della compagnia per estinguerlo e gestirlo. Concludendo la seconda parte della giornata con la spiegazione del numero di porte e uscite che l'aeromobile dispone e come operarle

2. *Fixed equipment*: su questo argomento vengono spiegate tutte le attrezzature di bordo dove trovarle e come utilizzarle

3. *Safety equipment, Pilot incapacitation and Passenger briefing*: questa giornata invece è divisa in tre parti, la prima parte dove si completa il discorso già iniziato nella giornata precedente su dove trovare le attrezzature di sicurezza, come reagire se un pilota diventa incapacitato durante il volo e il briefing da condurre ai passeggeri seduti sulle file di emergenze prima di ogni volo

4. *Evacuation procedures, Decompression and Crowd control*: in questa giornata si entra nel vivo delle procedure di evacuazione e di preparazione della cabina in caso di un atterraggio di emergenza con conseguenti tecniche per controllare i passeggeri una volta evacuato l'aeromobile

5. *Ditching & rejected take off & missed approach:* qui invece si va a concludere il discorso iniziato nella giornata precedente parlando di atterraggi di emergenza sull'acqua e i cosiddetti *"short drills"* con il *"rejected take off"*, il *"missed approach"* e il *"tail strike"*.

In caso di diverse tipologie di aeromobili verranno effettuati dopo il giorno 5, un giorno aggiuntivo per ogni tipo di aeromobile evidenziando le differenze con i primi 5 giorni di teoria. Dopo questi giorni in classe invece si inizieranno i giorni di pratica all'interno di un aeromobile utilizzato per questo scopo. E saranno divisi in ulteriori quattro giorni:

1. *SEP practical*: in questa giornata si provano tutte le procedure di sicurezza e di emergenza che sono studiate nella parte teorica all'interno dell'aeromobile che verrà usato in questi quattro giorni.

2. *Firefighting practical*: qui invece gli studenti proverranno a mettere in atto le loro conoscenze su come estinguere il fuoco e come controllare una possibile re ignizione in una *"fire chamber"* dove si può avere un fuoco controllato per scopo di pratica.

3. *First aid practical*: questa è la seconda pratica che gli studenti effettueranno per il primo soccorso, la differenza in questa giornata che la pratica avverrà all'interno dell'aeromobile in modo tale da preparare gli studenti agli spazi limitati nel quale andranno a lavorare.

4. *Fixed equipment and pilot incapacitation*: questa è la giornata più impegnativa senza alcun dubbio, suddivisa in due parti, dove tutti gli studenti nella prima parte dovranno trovare ed utilizzare tutto l'equipaggiamento di bordo e operare tutte le uscite di emergenza, per finire in bellezza nella seconda parte della giornata con la pratica della procedura in caso che il pilota non sia più in grado di operare, studiato nella teoria durante il giorno 3 in classe.

Come per l'*initial training* tutti i giorni sono obbligatori e non possono essere saltati e alla fine di ogni giorno si effettuerà un esame per verificare le conoscenze degli studenti, mentre alla fine di questi nove giorni (o più in caso di differenti aeromobili) si effettuerà un esame su tutto il programma trattato nel *"conversion"* per verificare il minimo standard necessario, anche questo con solo due tentativi per ottenere le licenze di volo. Alla fine di questi step ci accingeremo ad una parte del training per la quale solo in pochi possono accedere. Prima di tutto bisogna aver passata tutti gli esami precedenti, ma inoltre ogni studente dovrà affrontare un *"background check,"* che va indietro di cinque anni controllando tutte le referenze dei lavori precedenti, ma soprattutto la completa pulizia del casello giudiziario. Solo una volta passato questo controllo si potrà accedere alla fase successiva.

Conversion security: gli argomenti tratti in questa giornata molto intensa sono *"restricted"*, poiché solo il personale navigante che ha passato i controlli, spiegati poco prima, potrà seguire. Quindi in questo elaborato non verranno trattati. Il giorno seguente lo studente effettuerà un esame, ancora una volta con due tentativi, che dovrà superare per poter accedere alla fase finale.

La fase finale di questo training comincia con il trasferimento dello studente nella base assegnata dalla compagnia dove effettuerà otto voli di affiancamento come componente extra della crew che opererà il volo. In questi otto voli, il capo di cabina, sarà responsabile nel far vedere allo studente come si svolge il lavoro nella vita reale con una conseguente valutazione, sull'ultimo volo, prima di poter operare da normale assistente di volo. Una volta passato questa ultima valutazione lo studente non sarà più un praticante ma sarà al 100% un componente della crew di cabina, avendo un periodo di 3 mesi di prova dove avrà delle limitazioni, come per esempio il vietato accesso nella cabina di pilotaggio.

Questo è tutto quello che riguarda la preparazione per un assistente di volo, ma la formazione non finisce qua. Un assistente di volo per poter mantenere le sue licenze dovrà seguire dei corsi annuali e delle regole.

Le regole sono molto semplici, l'assistente di volo dovrà volare, nel suo ruolo, almeno una volta ogni 180 giorni per non perdere le licenze di volo. In caso che questo non avvenga il primo volo dopo i 180 giorni, l'assistente di volo dovrà operare un volo di affiancamento come crew extra a bordo, dove verrà valutato da un capo cabina, se idoneo al rientro detto volo di *"supernumerary"*.

Inoltre ogni 365 giorni l'assistente di volo dovrà effettuare un settore dove opererà, nel ruolo assegnato, ma affiancato da un capo cabina, dove esso valuterà la competenza e l'idoneità a operare nel ruolo, questo volo è detto *"linecheck"*.

Per quello che riguarda invece la formazione, ogni assistente di volo, dovrà partecipare a un corso di aggiornamento annuale detto "CRMS" dove suddiviso in due giornate si andranno a coprire tutti gli aspetti trattati durante il corso con le conseguenti modifiche annuali, gli argomenti principali sono:

- CRM (*crew resource management*): ogni anno a turno vengono selezione delle skills che verranno discusse e rinfrescate alla memoria degli studenti.
- *Safety*: revisione su tutti gli argomenti di *safety* in base agli incidenti passati e al *reporting system*. Con conseguente esame nel quale è obbligatori ottenere il 90% delle risposte esatte per poter essere considerati idonei.
- *Security*: rinfresco sulle procedure di security. Con conseguente esame nel quale è obbligatori ottenere l'85% delle risposte esatte per poter essere considerati idonei
- *Dangerous good*: rinfresco sulle procedure dedicate al trasporto delle merci pericolose. Con conseguente esame nel quale è obbligatori ottenere l'80% delle risposte esatte per poter essere considerati idonei
- *Recent issue*: dove vengono mostrate agli studenti quali sono le problematiche, che hanno afflitto la compagnia, negli ultimi 12 mesi con conseguente spiegazione su come minimizzare al minimo la possibilità di ripetizione del problema.
- SPI (*safety procedeure instructions*) : questi invece sono tutti i cambiamenti che sono avvenuti nelle procedure negli ultimi 12 mesi.
- *Practical training*: verranno anche effettuate delle pratiche sul campo del primo soccorso e della sicurezza.

Se un dipende perde uno o più cicli di questo corso, per esempio per una maternità o un lungo periodo di aspettativa, prima di poter tornare ad operare dovrà effettuare un giorno di *"Reconversion"* dove andrà a coprire tutti i cicli cha saltato prima di poter tornare al lavoro.

Inoltre ogni 3 anni l'assistente di volo dovrà effettuare il 3RT *"triennial recurrent training"*, in questo corso oltre alla classica parte di rinnovo teorico verrà anche effettuata una parte di pratica suddivisa in questo modo:

- *Fire drill: come* nel *conversion course* lo studente dovrà estinguere un fuoco in ambiente controllato, utilizzando una replica dell'equipaggiamento che abbiamo a bordo
- *Smoked fill environment*: la cabina dell'aereo viene riempita di fumo e l'assistente di volo dovrà entrare in cabina e cercare un oggetto, specificato prima dell'ingresso, e portarlo fuori dall'aereo

Anche in questo corso verrà effettuato un esame teorico alla fine della giornata, con un minimo da ottenere del 90% e tutto il corso avverrà in una sola giornata.

Questi elencati qui sopra sono tutti i corsi, controlli medici, controlli giuridici e rinnovi, con conseguenti esaminazioni che un assistente di volo deve poter superare per poter ottenere e mantenere le licenze di volo.

Tutto questo però non ci porta ad avere un volo sicuro al 100% perché il cosiddetto *"human factor"* ha sempre un'influenza fortissima nelle operazioni di tutti i giorni. Per questo nel prossimo capitolo andremo a discuter il CRM.

6. CRM (CREW RESOURCE MANAGEMENT)

Il CRM nell'ambito della *safety* e *security* ha un impatto fondamentale poiché va ad analizzare il perché, di nonostante tutte queste procedure in atto, incidenti ancora succedono. Intanto prima di analizzare sotto questi due aspetti dobbiamo spiegare brevemente da dove il CRM nasce.
Nel 1979 dopo uno studio della NASA e dell'università Americana di Huston iniziarono ad analizzare i passati incidenti avvenuti nel mondo dell'aviazione civile con un completamente nuovo approccio, cercando di capire in modo più approfondito il perché delle azioni dei piloti, analizzando così il fattore umano. Il risultato di questo studio fu un corso di CRM lanciato per primi sempre negli stati uniti dalla United Airlines, che però inizialmente era indirizzato solo ai piloti, infatti inizialmente il CRM voleva dire *"Cockpit resource management"*, perché infatti il risultato di questo primo studio aveva evidenziato che gli incidenti passati trovavano la maggior parte delle volte origine nella cabina di pilotaggio, lasciando così fuori il personale di cabina dall'equazione. nei primi anni del Nuovo millennio, invece si va ad ampliare il discorso di CRM anche al personale di cabina, cambiando di fatto anche il nome in *"Crew resource management"*, diventando di fatto un corso obbligatorio ma soprattutto fondamentale per tutte le compagnie aeree.
Questo corso è composto principalmente dall'analisi del fattore umano e da tutte le skills che possono migliorarlo o peggiorarlo.

In generale andremo a vedere l'influenza che ha la "fatigue" su entrambe *security* e *safety,* mentre andremo ad analizzare poi due skill in particolare, una per ogni ramo, *"Swiss cheese"* e la TEM.
Quando si parla di Fatigue si parla delle *"Humans performance and limitation"*, il concetto di fatigue nell'aviazione è essenziale. Tutte le compagnie aeree devono fare di tutto per poter limitare l'incombenza della fatigue. Poiché quando un dipendente entra in uno stato di fatigue può creare di conseguenza incidenti, tramutabili per la compagnia in danni economici ma soprattutto di immagine. Le compagnie hanno diversi strumenti per minimizzare l'incombenza della Fatigue nei dipendenti, come un massimo di ore mensile che il dipendete può effettuare e un minimo di ore di riposo tra un giorno di lavoro e l'altro. Un dipendente che entra in uno stato di fatigue può essere pericoloso sotto entrambi i rami, sia di *security* che di *safety*. Per esempio un dipendente in uno stato di fatigue potrebbe non riconoscere un passeggiero con un coltello nei controlli di sicurezza, facendolo cosi accedere all'interno dell'aeroporto con un'arma che può essere usata per causare danno ad altre persone, un altro esempio può essere un assistente di volo che non riconosce un passeggero che ha bisogno di assistenza medica, facendo così peggiorare la situazione del passeggero stesso. La prevenzione della fatigue non è solo un compito della compagnia ma anche del dipendente, infatti nel "rest period", il dipendente, deve usufruire di questo periodo di riposo il più possibile, poiché altrimenti la fatica si andrà ad accumulare entrando poi in uno stato di Fatigue. Andremo adesso ad analizzare il CRM per i due rami principali di questo elaborato.
Per quello che riguarda la *security* invece nel CRM si va a parlare del *"Swiss cheese model"*, questo modello va a spiegare che nonostante abbiamo in atto delle barriere, gli strati di formaggio, queste barriere hanno dei buchi, come il formaggio svizzero, e questi buchi, o meglio dire falle, se allineate portano a far passare il pericolo attraverso tutti questi strati per farlo diventare infine un vero e proprio incidente. Questo punto in cui si allineano tutte queste falle è detto *"single point of failure"*. L'obiettivo di parlare di

questo modello nei security training e di fare capire alle crew che nonostante ci sono delle barriere in atto per prevenire questi atti contro la legge per una sfortunata sequenza di eventi, l'atto contro la legge, potrebbe sempre riuscire ad oltrepassare tutti gli strati del formaggio e arrivare fino alla fine causando cosi perdite e danni. Quindi non bisogna mai abbassare la guardia e fare l'errore di pensare che ci sarà qualcun'altro a controllare quello che possiamo anche controllare noi.

Per quello che riguarda la *Safety* invece una delle tante skills che si vanno ad analizzare durante questi corsi di CRM è la TEM *(Threat and error management),* con uno sguardo in particolare al ARR *(Anticipate recognize and recover).* La TEM semplicemente ci dice che errori e rischi ci saranno sempre e sarà impossibile eliminarli del tutto, l'unica cosa che possiamo fare è essere coscienti di questa situazione e più semplicemente cercare di risolve quando uno di questi errori avviene. La tecnica che si utilizza per effettuare questo concetto è la ARR:

- *Anticipate*: ci sono delle procedure messe in atto per cercare di anticipare l'errore prima che accada, riducendo così la possibilità stessa di errore
- *Recognize*: il momento in cui l'errore avviene bisogna saperlo riconoscere e seguire la procedura corretta per poter poi effettuare il passaggio successivo
- *Recover=safe flight:* se la procedura eseguita nello step precedente è quella corretta allora l'errore non esiste più quindi si torna nello stato di SAFE FLIGHT.

Il fattore umano è l'attore principale nella sicurezza dei passeggeri e ogni dipendete, ma anche la compagnia, deve cercare, in continuazione, di poterlo migliorare il più possibile ma soprattutto di rendere i dipendenti coscienti di quali sono i rischi, se il fattore umano non è tenuto sotto controllo e valorizzato al massimo livello.

7. CONCLUSIONE

In conclusione per avere una sicurezza del passeggero ai massimi livelli ci vuole la combinazione di diversi fattori:
- Legislazioni e legislatore che lavorano imponendo standard e pratiche raccomandate in continua evoluzione con i rischi moderni tenendo conto anche delle infrastrutture e delle potenzialità dei dipendenti;
- Lecompagnie costruttrici devono sempre costruire aeromobili dove l'obiettivo principale è la sicurezza del passeggero utilizzando le migliori tecnologie e senza cercare di utilizzare scorciatoie per essere più competitivi con le altre case costruttrici;
- La conoscenza da parte delle crew deve essere sempre ai massimi livelli e mantenuta con il passare del tempo;
- Le crew devono essere a conoscenza delle loro limitazioni e dei fattori umani, ma soprattutto imparare a sfruttare al meglio le skills descritte nei corsi di CRM.

Con la combinazione di questi fattori, sicuramente si potrà raggiungere una sicurezza del passeggero con degli standard altissimi, ma vorrei concludere dicendo che il protagonista principale, che sicuramente può dare un grande aiuto nel avere una sicurezza massima, è il passeggero stesso che creando questo senso di *"ownership"*, cioè capendo che anche la sua vita è in ballo quando si parla di sicurezza, verso il mondo dell`aviazione potrà aiutare le crew a trovare problemi nella *"security"* e nella *"safety"* raggiungendo così la perfezione.

ELOGIO PER L'AUTORE

La sicurezza aeronautica è un tema complesso e multidisciplinare che richiede un approccio integrato, in cui le scienze umane si intrecciano con le tecnologie più avanzate. Questo libro ci offre un'analisi approfondita del fattore umano nel volo, esplorando le interazioni tra psicologia, sociologia e ingegneria aeronautica.

L'autore, con la sua vasta esperienza nel settore, ci guida attraverso un percorso che va dalle radici storiche del CRM fino alle più recenti evoluzioni, offrendo un quadro completo e aggiornato delle conoscenze in materia. Un volume di riferimento per tutti coloro che desiderano approfondire le tematiche legate alla sicurezza del volo e contribuire a renderlo sempre più sicuro.

www.ingramcontent.com/pod-product-compliance
Lightning Source LLC
Chambersburg PA
CBHW071001220526
45471CB00007B/3122